AF245184

L.

L. 27
32927
A

LES
HOMMES D'AUJOURD'HUI

WL. GAGNEUR

PARIS
CHEZ TOUS LES LIBRAIRES
1885

LES HOMMES D'AUJOURD'HUI

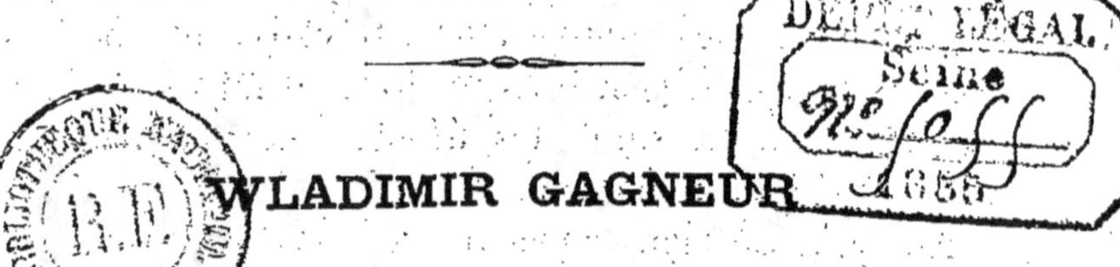

WLADIMIR GAGNEUR

BIBLIOTHÈQUE NATIONALE — R. F. — IMPRIMÉS — DÉPÔT LÉGAL Seine N° 1055 1885

« Ce nom, dit un des biographes de l'honorable député du Jura, sonnait jadis le tocsin aux oreilles conservatrices. Il évoquait aux yeux épouvantés des bonnes gens le spectre rouge, le péril social. Il n'y a pas longtemps encore, M. Gagneur était une sorte de croquemitaine dont les mamans réactionnaires menaçaient les bébés qui n'étaient pas sages. Or, en grattant quelque peu cet affreux croquemitaine, que découvre-t-on ? Un homme aimable, séduisant même, un philosophe, un économiste, et surtout un républicain de vieille roche. »

Wladimir Gagneur, député républicain du Jura, est né à Poligny d'un père député légitimiste sous la Restauration, et d'une mère appartenant à la noblesse du pays.

Il commença ses études au collège de cette ville, et les acheva à Paris.

Destiné aux Ordres par ses parents, il secoua vite les traditions familiales. Licencié en droit, il renonça à la magistrature, dont les relations de son père lui facilitaient l'accès, pour s'adonner tout entier aux études économiques et au journalisme.

De 1830 à 1848, il fit partie de cette jeunesse sérieuse, généreuse, éprise d'idéal, qui accueillait avec enthousiasme les innovations littéraires et sociales. Toutefois, esprit positif avant tout, il faisait dès lors ses réserves au sujet des utopies excentriques qui fleurirent à cette époque.

Aussi M. Gagneur concentra-t-il ses études sur les résultats immédiatement pratiques qu'on pouvait tirer du principe d'association dans les sciences, les arts, l'agriculture et l'industrie. Il publia divers travaux sur les plantations et le reboisement par association, et sur le véritable danger du morcellement indéfini des terres ; puis un excellent ouvrage, bien connu des économistes et qui vulgarisa l'admirable procédé d'association, employé dans le Jura, pour la fabrication des fromages de Gruyère.

Ce sont des fragments d'un grand ouvrage en deux volumes qui n'est pas encore terminé.

Il a extrait du second volume :

1º Sa brochure *Socialisme pratique*, parue en 1850 et où il décrit notamment les divers modes de crédit agricole, les entrepôts de denrées et une foule d'autres associations rurales que commencent à réaliser aujourd'hui les syndicats agricoles ;

2º La série d'études intitulée : *Urgence des associations agricoles de production*, et qu'a publiée en 1878-1881 l'*Almanach du bon citoyen*, édité par Victor Poupin.

La Révolution de 1848 éclata. M. Gagneur avait toujours été républicain. Grâce à son zèle infatigable de propagandiste, il aida beaucoup au développement des idées républicaines dans le Jura.

Dans sa brochure : *Le Crédit à bon marché*, il ébaucha alors un mode de crédit gratuit agricole, realisé d'ailleurs par lui avec succès, et qui contribua à le rendre populaire.

Une autre petite brochure humoristique : *La monarchie et la république passées au crible par un paysan du Jura*, tirée à 80,000 exemplaires, eut également à cette époque un grand retentissement.

Arriva le coup d'Etat de décembre 1851. M. Gagneur, un des chefs de la résistance dans le Jura, ut pris les armes à la main et condamné d'abord à dix ans de Cayenne, comme « apôtre ardent, continuel et très influent de la propagande socialiste, — on appelait alors socialisme ses écrits sur l'association, — comme un des deux chefs principaux de la bande armée qui marchait sur le chef-lieu pour s'en emparer. »

Ce fut cette courageuse protestation à main armée, qui pendant vingt ans valut à M. Gagneur une réputation d'homme terrible. La bourgeoisie égoïste et peureuse ne pouvait comprendre qu'avec sa fortune et sa position indépendante, ses relations de famille, il eût tout sacrifié pour remplir ce qu'il croyait être son devoir de citoyen et d'honnête homme. Mais aujourd'hui, l'œuvre de réhabilitation complète est arrivée ; la nation elle-même a reconnu la justice d'une éclatante réparation envers ces hommes vraiment héroïques.

L'état de santé de M. Gagneur lui fit obtenir une

commutation de peine. Il fut exilé en Belgique, où il se mit en relations avec le directeur général de l'agriculture, qui lui demanda un rapport sur les associations agricoles françaises, et le chargea de fonder des fromageries par association, sur le modèle de celles qui fonctionnent dans le Jura et les départements limitrophes.

A partir de 1865, M. Gagneur, toujours dévoué aux classes laborieuses, prit une part active au mouvement coopératif; et il publia dans divers organes spéciaux des articles très remarqués sur les associations agricoles.

En 1868, l'élection de Jules Grévy dans le Jura avait réveillé l'esprit public.

Aux élections générales de 1869, les proscrits de 1851 voulant se réhabiliter, mesurer leurs forces, souffleter les criminels de décembre, choisirent pour candidat de la 3e circonscription une victime du coup d'Etat, M. Gagneur.

Voici en quels termes M. Jules Grévy, aujourd'hui Président de la République, l'engageait dans une lettre du 5 septembre 1868 à accepter la candidature :

» C'est vous surtout, mon cher ami, que je voudrais
» avoir pour collègue ; car il me semble impossible
» d'imaginer un député plus droit, plus désintéressé,
» plus dévoué que vous. Qui voulez-vous que nous
» vous préférions ? Je sais bien que votre modestie va
« s'effaroucher ; mais, mon cher, on n'est pas député
» pour son plaisir ni pour son intérêt ; vous pouvez
» m'en croire. »

Enfin voici la lettre par laquelle il le recommandait aux électeurs jurassiens :

« J'ai dû, par respect pour le droit électoral, m'in-
» terdire toute immixtion dans la désignation d'un
» candidat pour votre circonscription ; mais aujour-
» d'hui que votre candidature est définitivement posée
» par l'assentiment d'un grand nombre d'électeurs,
» je veux vous exprimer publiquement toutes mes
» sympathies, et dire à ceux dont vous pourriez
» n'être point assez connu et qui ont en moi quelque
» confiance, que je ne sais pas d'homme plus hono-
» rable, plus éclairé, plus sûr que vous ; que j'ai pu
» apprécier depuis vingt ans vos convictions poli-
» tiques, et que je fais les vœux les plus ardents pour
» votre succès.

» Toutes mes amitiés.

» JULES GRÉVY.

» Dôle, 14 mai 1869. »

M. Gagneur fut élu.

Sur trois députés jurassiens, deux républicains ; et le Corps législatif n'en comptait qu'une vingtaine !

M. Gagneur déposa un projet de loi sur *la participation du fermier sortant aux améliorations accomplies par lui sur l'immeuble*. Cette proposition, inspirée par un haut sentiment de justice et de progrès, fut très commentée par la presse agricole, et devait être plus tard réalisée en partie en Angleterre.

M. Gagneur fut secrétaire du comité central antiplébiscitaire, et l'un des dix députés qui votèrent contre la guerre.

Ainsi, dans toute cette Chambre servile et affolée, il ne s'est trouvé que dix hommes assez sensés et assez clairvoyants pour protester par leurs votes contre cette guerre néfaste qui devait nous attirer de si grands désastres. C'est un grand honneur pour M. Gagneur comme pour M. Grévy de figurer parmi ces dix vrais patriotes.

Après le 4 septembre 1870, le gouvernement de la Défense nationale lui proposa de diriger le classement et la publication des *Papiers et Correspondances de la famille impériale*. M. Gagneur n'hésita pas, pour remplir cette mission, à se séparer de sa famille et à encourir les privations et les dangers du siège.

On sait quelles lumières cette publication, à peine commencée, apporta sur les secrètes pratiques du gouvernement impérial, sur les origines notamment du coup d'Etat, de la guerre du Mexique et de celle de 1870.

Les élections de 1871 se firent dans le Jura au milieu de l'invasion.

Les comités républicains le portèrent, quoique absent, comme candidat ; mais en ce moment de terreur et d'affolement, où la préoccupation de la paix dominait la question politique, les cléricaux, ses ennemis acharnés, firent courir le bruit qu'il voulait la continuation de la guerre. M. Gagneur, le partisan le plus déclaré de la paix, ne fut pas nommé.

En 1873, il prit une éclatante revanche et fut réélu

au scrutin de liste par 42,000 suffrages contre 17,000.

M. Gagneur n'est pas orateur ; mais il est écrivain et homme d'action surtout. Il y a en effet assez de discoureurs, beaucoup trop même ; car ces parades oratoires, ces interpellations et interruptions souvent oiseuses, ces projets de loi, quelquefois quatre ou cinq sur le même sujet, sans entente préalable, font perdre un temps précieux. *Time is money*, disent les Anglais. C'est surtout à ces interminables, confuses et diffuses discussions qu'il faut appliquer ce proverbe ; car elles coûtent beaucoup d'argent à la France.

Scripta et acta, non verba : telle semble être la devise de M. Gagneur. Ce qu'on ne sait pas assez, c'est que depuis son entrée à la Chambre, il y a rempli un rôle des plus utiles et des plus actifs, rôle peu recherché, car il ne met pas en évidence celui qui le remplit, mais auquel il s'adonna avec le dévouement modeste et consciencieux qui est un des traits dominants de son caractère.

Il pensa donc que le véritable moyen d'amener le triomphe de la République, c'était avant tout la propagande, et il s'y dévoua corps et âme. Il sut comprendre que pour donner à cette propagande une impulsion unitaire et vraiment puissante, il fallait l'organiser au sein même de l'Assemblée nationale ; que les députés seuls, avec l'autorité que leur donne leur mandat, pouvaient la rendre vraiment efficace. Il se fit le centre de ce mouvement, et y déploya une si infatigable activité, que dans une réunion de la *Société d'instruction républicaine*, où il proposait la formation d'un comité propagandiste dans les Gauches, l'un des assistants s'écria : « A quoi bon ! vous valez à vous seul dix comités. »

Enfin, il rédigea en chef la *Semaine Républicaine*, journal destiné aux campagnes, et fort répandu. Il y poursuivait, outre la propagande républicaine, deux buts : introduire l'attrait dans la vie rurale si triste, si désertée, et former des mœurs républicaines, surtout en développant les institutions et associations fraternelles ; car selon lui, *associer les intérêts, c'est moraliser, autant que fraterniser.*

Il fonda en outre *la Bibliothèque démocratique*, avec son ami Victor Poupin, non moins dévoué que lui à cet apostolat, et avec la collaboration des députés les plus éminents de la Gauche.

Réélu depuis à chaque élection, il publia successivement plusieurs brochures électorales qui obtinrent un grand succès. L'une, entr'autres, fut tirée à 500,000 exemplaires, répandue à flots dans les quatre circonscriptions où le ministre Buffet échoua si piteusement, et eut l'honneur d'être traquée par l'ordre moral.

Aussi, dans la série d'articles publiés par les journaux réactionnaires sous ce titre : « *La Propagande du poison* », sommait-on l'Assemblée nationale de le poursuivre.

A chacune de ses élections, M. Gagneur fut combattu à outrance par le parti clérical acharné contre lui. C'est en effet un libre-penseur militant, mais dans le sens le plus élevé du mot : c'est-à-dire qu'il réclame pour tous la liberté de conscience.

Ce qu'il combat comme l'ennemi le plus redoutable, ce n'est point la vraie religion qui est synonyme de douceur, de charité, de droiture; c'est le cléricalisme implacable qui, par un obscurantisme systématique, veut accaparer la domination afin d'étouffer le progrès et la République.

C'est un homme d'une taille un peu au-dessus de la moyenne, à l'œil sincère, habituellement doux et bienveillant, mais implacable quand il poursuit de sa haine ou de son mépris les institutions et les hommes néfastes, les bonapartistes et les jésuites ; d'une santé robuste, d'un esprit très actif, pouvant suffire à la fois, outre les travaux de la Chambre, à la propagande républicaine, à une énorme correspondance avec les électeurs du Jura et aux démarches qu'elle entraine, ainsi qu'à plusieurs études politiques anticléricales et économiques.

Enfin, il s'est occupé et s'occupe encore, avec une activité et un dévouement sans trève : 1° de la question des proscrits de décembre; 2° de l'unification des retraites militaires.

En 1881, voyant dans la fruitière la source la plus abondante et la plus constante de la prospérité des campagnes jurassiennes, mais voyant d'un autre côté, les nations étrangères perfectionner incessamment leur outillage et leur fabrication, tandis que le Jura s'attardait aux anciens et défectueux procédés, il résolut de doter son département d'une Station laitière et d'une école fromagère professionnelle, dont il n'existait alors qu'un seul specimen, à Calmill.

La publication où il décrivait les améliorations à introduire dans les fruitières, fut adoptée par le Gouvernement qui se chargea de la répandre et qui accorda en outre au Jura 15,000 francs pour les premiers frais d'installation d'une station laitière. Mais n'ayant pas trouvé au Conseil général l'appui suffisant, la station laitière ne fut point fondée; et le Jura se laissa devancer par le Doubs, l'Ain et les Vosges, pourvus depuis d'écoles fromagères.

M. Gagneur vient de s'assurer d'une subvention du ministre de l'agriculture, pour le cas où le Jura, poussé par la *nécessité*, c'est-à-dire par la mévente prolongée des gruyères, se résoudrait à se mettre au niveau des perfectionnements scientifiques actuels.

En même temps, M. Gagneur se préoccupe, avec promesse également de subventions gouvernementales, de la création si utile et si peu coûteuse de sources artificielles dans les nombreuses communes qui manquent d'eau.

Si ces deux fondations se réalisent, comme il y a lieu de l'espérer, M. Gagneur aura rendu un éminent service à ses compàtriotes.

Mais l'idée supérieure qui préoccupe avant tout M. Gagneur, depuis sa rentrée à la Chambre en 1873, c'est cette idée humanitaire, traitée encore d'utopie par beaucoup d'esprits pessimistes et superficiels : que « les grandes conquêtes contemporaines, telles que les voies de communication rapide ou instantanée, les

expositions universelles, la neutralisation des fleuves
et des isthmes, les traités et congrès internationaux
de toute sorte préparent forcément le rapprochement
fraternel des peuples, la paix universelle. » (Extrait
d'une circulaire de M. Gagneur.)

En 1873, cette idée avait à la Chambre fort peu
d'adhérents. Depuis, M. Gagneur a beaucoup contribué
à en augmenter le nombre, qui s'élève aujourd'hui à plus
d'une centaine. Et le jour n'est pas éloigné, sans doute,
où le Parlement français adoptera, comme l'ont fait déjà
sept Parlements, ainsi que les Républiques américaines
du Sud, l'Arbitrage international, destiné à supprimer
la guerre, et qui a déjà pacifiquement résolu 38 con-
flits récents entre les peuples.

Ce qui prouve au reste que la Neutralité et l'Arbitrage sont dès à présent entrés dans le Droit des gens,
c'est que la conférence de Berlin, où 14 puissances
étaient représentées, vient d'adopter, et les Chambres
viennent de ratifier, outre l'Internationalité commer-
ciale, la Médiation ou l'Arbitrage pour régler les dé-
saccords entre les nations suzeraines du Congo,

Voici, d'ailleurs, une lettre qui fait foi de l'active
et incessante propagande que fait à ses frais M. Gagneur de cette grande idée parmi ses collègues :

« Paris, le 22 juillet 1885.

« Mon cher Gagneur,

« Je viens de distribuer à nos amis Lagrange (Rhône),
Martin (Saône-et-Loire), et Simonnet (Allier), les cent
exemplaires que vous m'avez remis de vos circulaires
et de vos formules de pétitionnement relatives à l'Arbi-

trage international, ainsi que vos illustrations représentant le Familistère de Guise.

« Comme plusieurs autres de nos collègues m'en demandent, soyez assez bon pour m'en donner au moins une égale quantité, et, en outre, une dizaine de bulletins de *La Société française des amis de la Paix*, ceux surtout qui renferment vos articles.

« Recevez etc.

MATHIEU
-Député du Morbihan.

Fidèle à ses principes, qui repoussent toute guerre offensive, M. Gagneur a constamment voté contre la guerre du Tonkin, sauf toutefois, avec la presque unanimité de la Chambre, le crédit de 50 millions, pour arracher nos soldats aux horreurs de la déroute de Lang-Son, où les avait jetés, contre l'avis des généraux eux-mêmes, la criminelle imprévoyance du ministre Ferry.

Il pourra donc, aux élections prochaines, se présenter devant ses électeurs, indemne de toute responsabilité avec les auteurs de cette lamentable guerre, qui a coûté au pays tant de soldats et tant de millions, sans parler de ceux qu'elle lui coûtera encore.

Aux élections prochaines, nul doute que M. Gagneur ne soit réélu pour la sixième fois.

Sa droiture, sa fermeté, ses votes clairvoyants, exempts de tout calcul ambitieux, son dévouement à la chose publique, aussi bien qu'aux intérêts en souffrance des particuliers et des communes lui ont acquis l'estime et la reconnaissance inaltérable de ses compatriotes.

EDOUARD PERNOT.

LES HOMMES D'AUJOURD'HUI

EN VENTE

Victor Hugo. — Gambetta. — Auguste Vacquerie. — Louis Blanc. — Edmond About. — Emile Littré. — Francisque Sarcey. — Bardoux. — Challemel-Lacour. — Daudet. — Garibaldi. — Jules Grévy. — Ernest Hamel. — Floquet. — Lockroy. — Clémenceau. — Hector Pessard. — Ranc. — Jules Ferry. — Erckmann-Chatrian. — Spuller. — Victor Poupin. — Général de Wimpffen. — De Lesseps. — Anatole de Laforge. — Siebecker. — Jean Macé. — Yves Guyot. — Emmanuel Vauchez. — Schœlcher. — Castagnary. — Hérold. — Pierre Véron. — Olivier Pain. — Allain Targé. — Tony Révillon. — H. Rochefort. — Laisant. — Farcy. — Laurent-Pichat. — A.-S. Morin. — Benjamin Raspail. — Edmond Turquet. — Général Pittié. — Barodet. — Corbon. — Nadaud. — E. Boursin. — Général Farre. — Deschanel. — Greppo. — Henri Brisson. — Jules Roche. — Noël Parfait. — Léon Richer. — Frébault. — Cantagrel. — Cochery. — Leconte de (l'Indre). — Victor Meunier. — Camille Pelletan. — Tolain. — Peyrat. — Hérisson. — Ch. Boysset. — Lepère. — Cazot. — Sigismond Lacroix. — Margaine. — Talandier. — Germain Casse. — Viette. — Beauquier. — etc.

Paris — Imp. Wattier et Cᵉ, 4, rue des Déchargeurs.

[illegible]

[illegible]

[illegible] [illegible] [illegible] [illegible] [illegible]
[illegible] [illegible] [illegible] [illegible] [illegible] [illegible]
[illegible] [illegible] [illegible] [illegible] [illegible]
[illegible] [illegible] [illegible] [illegible] [illegible] [illegible]
[illegible] [illegible] [illegible] [illegible] [illegible]
[illegible] [illegible] [illegible] [illegible] [illegible]
[illegible] [illegible] [illegible] [illegible] [illegible]
[illegible] [illegible] [illegible] [illegible]
[illegible] [illegible] [illegible] [illegible] [illegible]
[illegible] [illegible] [illegible] [illegible] [illegible]
[illegible] [illegible] [illegible] [illegible]
[illegible] [illegible] [illegible] [illegible] [illegible]
[illegible] [illegible] [illegible] [illegible] [illegible]
[illegible] [illegible] [illegible] [illegible]
[illegible] [illegible] [illegible] [illegible] [illegible]
[illegible] [illegible] [illegible] [illegible]
[illegible] [illegible] [illegible] [illegible]

www.ingramcontent.com/pod-product-compliance
Lightning Source LLC
Chambersburg PA
CBHW061036090726
47597CB00014B/4478